# 유향 幽香

지성 · 감성의 메타언어
조선문학시인선 · 305

# 유향幽香

이 충 자 시집

조선문학사

■ 시인의 말

모자라고 미흡한 게 많아 미루기를 여러차례, 그러나 새 출발을 다진다는 결심으로 부끄럼 접고 시집으로 엮기로 했습니다.

가버린 날 저쪽, 방학때면 물항아리 머리에 이고 새색시 걸음 흉내하던 어렸을 적 외갓집 샘터가 떠오릅니다. 아마도 내 시의 깃점이 그때가 아니었던가 싶기 때문입니다.

노을길을 걸으면서 가슴에 번지는 내면의 풍경들을 어줍짢은 색깔로 채색해보며 행복해 하던 그런날들의 점경이 내 시가 아닐까 싶습니다.

오늘이 있기까지 변치 않는 사랑으로 힘을 실어주신 주변의 여러분과 시도를 함께 걷고 있는 문우들께도 감사를 드립니다.

신묘년 중추

이충자

## 제1부 / 묵향에 취해

## 제3부 / 헌 자루에 길을 담다

## 제4부 / 시간이 머문자리

## 제5부 / 시집평설

제1부

# 묵향에 취해

# 내 뜨락엔

또르르
새벽이슬 토해내며
함초롬히 미소 짓는
보랏빛 물망초가
아침햇살에 눈부십니다

사부작사부작
어린 돌나물 꼬리 매달고
행진을 시작합니다

고향 냇가 그리다
파랗게 멍든 미나리 숲을
등산길에 매달려온 곰취 한 쌍
빼끔히 얼굴 내밀고 두리번댑니다

날이 새고 해 지는 뜨락에
새록새록 피어나는 부신 몸짓들
내 일상의 기쁨입니다

# 아무도 가르쳐주지 않는다

커피 한잔 들고
등나무 그늘에 앉았다

되살아나는 보랏빛 추억들이
주렁주렁 등꽃으로 피어나는 꿈길을
살그머니 비집고 들어서는 침입자를 본다

나무벤치 모서리를
팔딱팔딱 멀리뛰기 하다가
안테나를 길게 뽑아
이쪽저쪽 기웃대는 묘기의 주인공

커피 한 방울 갓길에 뿌려본다
인기척을 감지했는지
빛 고운 보호색 옷 걸치고 죽은 듯 꼼짝 않는 너

미물에게서 배운다
살아간다는 건 자신을 지켜야하는
또 하나의 생멸(生滅)임을

# 만감

하필이면 오늘일까
먹통 같은 하늘이
무섭게 비를 쏟아낸다

터미널 고가 밑을 휘도는 바람이
몸을 날릴 듯 매섭더니
두어번 휘청거리던 우산 어깻죽지가
축 늘어지고 만다

무언가 통한다는 거
대화가 이어진다는 거

마음 가득한 풍요로움은
소멸로 가는 길목에도
정녕 기쁨이리라

# 미운 오리

생선 가시 하나 목에 걸렸다
실보다 가늘고 작은 게
뜨끔뜨끔 거북하다

참다못해 달려간 동네병원에서
상처부위를 못 찾겠다며
숨었던 가시가 내일쯤이면
밀려나올 수 있으니 기다려보란다

이제야 나를 본다
어느 틈새 비집고 가시로 박혀
그 마음 상처 주는
미운 오리는 아니었을까

## 해질녘 같은

아침에 눈을 떠도
길을 걸어도
그림자처럼 따라붙는
쓸쓸함 만나네

오랜만에 만난 동창들의
호들갑스런 웃음에도

분위기 있는 대학가
스파게티집의
연록빛 화사한 물결 속에도

땅거미 지는 해거름
어디선가
저녁연기
아득히 피어오르는

그리움 같은
쓸쓸함 찾아오네

# 생인손

몸도 주체할 수 없는
폭염 속에서
손톱 밑까지 쿡쿡 쑤신다

깊은 화농자리는
항생제로도 달래지지 않는
한여름의 이중고

돌아보니 내 인생도
가슴 깊이 자리한
까슬한 화농자리 남아있다

세월 가도
아물지 않는
여울목 그 자리

# 회개

성전 뜰을 밟는 걸음
조심스럽다

마음은 언제나
휘황한 성밖을 동경하면서
그 사랑 앞에서는
순종하는 자녀라 감히 일컫는

씻어도
씻어도
찌꺼기로 남을
탕자의 부끄러운 고백

# 사각창의 정

약속처럼 미더웠던
영원한 미소

얼싸안고 등 두드리던
살가운 정 들이고

어느 날
사라져간
흔적 없는 미소여

온 대지에
봄물은 오르는데
지나는 구름이련가

덩그러니 남기고 간
사각창의 정

## 묵향에 취해

이슥한 밤
고적한 동굴에 다소곳이 마주앉은
고고한 기품 보았네

언제 부턴가 벗기려 애를 써도
허울 좋은 미소로 진을 치는
가늠할 수 없는 속내도

살가운 듯 미더웠던 미소가
홀연히 몰고 온 서늘한 회오리에
가슴 얼얼했던 상흔도

깊은 계곡 바위틈에 선연한 향기
화선지에 피어오르던 날

겨우내
꽁꽁 언 섶 열어
이제야 다다를 곳 보았네

# 여운

이불장을 여니
젖내가 아직 포근하다

혼자 마시고
도로 덮는 맑은 옹달샘

백일 된 손자가
두 밤을 지내고 떠난 자리엔
방긋방긋 눈웃음 짓던 조몰락 손이
해안의 조수처럼 시시로 몰려온다

피붙이라는
가슴 아려오는 이름

# 편지 · 1

당신이 남기고 간 나이테
혼자 걸머지고 오르다 보니
어느새 석양입니다

무엇이 그리 바빠
허겁지겁 가셨습니까

누구나 쉬이 오르는 산길도
때로는 홀로 힘이듭니다

이토록 살았어도 여직
마음 여린 철부진가 봅니다

## 편지 · 2

명절날이면
빈 가슴 헤집고 들어와
똬리틀고 앉는 사람아

일가친척 한자리 다 모여있어도
아랑곳없는 무심한 홀로인 사람아

장손 며느리 고달픈 어깨
미안해 다독이던 어설픈 미소
지금은 어느 하늘에서 짓고 있나요

## 고작 할 수 있는 게

길 가다 중죄인 잡혀가듯
저항할 겨를도 없이 그렇게 끌려갔다

전날 저녁식탁에서
아버지 밥그릇이 아들 손에 미끄러져
두 동강이 나던
황당한 사건의 예시처럼

와르르 천지가 무너지는
먹먹한 가슴은
달리는 차속에서
배가 뒤틀리는 진통으로 다급하게 왔다

그동안만이라도
지상의 시간을 유예시키고 싶은
살아있는 자들의 나약한 몸부림이었다
고작 그렇게밖에
우리는 방도가 없었다

# 문득

어제는
큰아들 승진 소식에
두둥실 풍선 가슴이더니

오늘은
예배 불참으로
줄줄이 맞는 심방으로
하루네 멋적었다

내일은
검사 결과보러
병원 가는 날

비바람이 창문을 흔들어
잠시 잊고 있던
진드기 같은 관심사를 깨운다
지금
어딜 향해 가고 있는 걸까

# 어느 노후

추적추적 빗소리
황토마루 적시면
산까치 날던 선산(先山) 골
설움의 강물 넘치네

함께 그리던 봄날의 수채화
갈잎에 띄워 보내고
팔십 평생 동락의 연
떨치지 못하는 아린 가슴

옹이진 자국마다 피어나는
검버섯꽃 애처로워

# 나 무엇이길래

가끔 목울대를 지나는
뜨거운 바람 있어
손잡아 나 되게 이끌어 준
소중한 인연들을 생각합니다

늘 이대로가 행복하다며
감사의 말을 되뇌면서
나 무엇이 길래
받을 줄만 알고
보답을 모르고 살아온
욕심쟁이는 아니었을까요

혹, 내세울 것 없는
밤송이 같은 아집 남아
낯설게 어긋나버린
다른 인연은 없었을까요

# 안부를 물어온다면

해거름 하늘가에
애잔히 핀 들꽃처럼 만나
골 깊어가는 나이테 마주보며
강물 따라 흘렀지요

어둠 밀려오는
계절의 끝자락에 서있어도
찬바람에 뒤척이는
마른 들꽃들의 속울음도
서럽지는 않았습니다

화살처럼 달려온
세월의 뒤안길엔
솔잎 같은 그리움만
오롯이 남았습니다

## 망상(妄想)

서로 영원한 꽃이고 싶던
그 눈짓

때 이른 서리에
맥없이 스러진다면
그 형상 어떨지 몰라

어쩌다
함께 오르던 길목에 서면
서늘한 눈시울로 돌아설 테고

문득문득
골 깊게 새겨진 가슴 속 판화들이
밤하늘을 배회하겠지

아니야
가물가물 아지랑이 피어오르면
그 기억 아슴푸레할지도 몰라

차라리
떠돌다 흩어져간 구름이라면
이 겨울도 무심히 훈훈할 텐데

# 느티나무 사랑

숱한 날
북풍한설 막아주던
아늑한 둥지 떠나
하늘높이 날아간 새

메아리 없는 광야에
지친 날갯짓 허공을 맴돌고
그 지긋한 눈빛
빈 우듬지마다 설핏거려
해 저문 들섶을 홀로 뒤척일 때

저녁놀 그윽히
어디선가
밑동의 온기로 다가오는
느티나무 그 큰 사랑

# 그 마음 가끔은

한동안 잠잠하던 가슴
괜스레 휑하니 황소바람 일어
으스스 몸 움츠리게 하는
호된 겨울 맛이더니

언제 그랬냐는 듯
봄눈 사르르 녹아내리는
아롱다롱 그 빛깔
분간 없는 속내여

무심한 세월이 조각한
나이테 비집고
살며시 움트는 설레임도
동짓달 긴 밤 대숲 흔들며
허공을 떠돌다 가는 저 목메임도

가끔은
길목을 지나는
바람의 몸짓이려니

# 화려한 허상

당당해라
거슬러 올라보아라
가까이서
그림자도 형상도 없이
채근하는 소리 있어
독수리 날개 펴
힘껏 창공을 날기도 하고
먼 동화 속 백설나라
공주가 되기도 하는 그는
때로는
연둣빛 날개 빗물에 젖은 채
옴쭉달싹 못하는
외발 허수아비

# 한 해를 보내며

명암도 선명한
삼백 예순날의
수채화를 펼칩니다

아슬했던 순간도
실수와 좌절로 점철했던
후회의 날들도

작은 보람 일군
흐뭇한 쾌거의 미소도
만남
그 일렁이던 희열도

아!
다시는 그릴 수 없는
나만의 수채화

# 욕심쟁이

욕심이란 놈
참 지독한 친구다
한없이 쉬지 않고
위를 보고 싶어 한다
옷을 사면
예쁜 구두에 눈길이 가고
내 집 보다
더 넓은 평수를 꿈꾸며
산중턱에 서면
정상이 궁금하다
그런 친구를
떨쳐버리질 못하는 나도
분명
지독한 욕심쟁인가 보다

# 자화상

태어나면서 병약했던 소녀는
부모님 가슴에 옹이로 매달린
근심 주머니였다

한약방에서도
동네 푸줏간에서도
염려의 소리가 높았던 소녀는
냇물 흐르는 들길 따라
외갓집을 드나들며 자랐다

세월 지나
홀로 피고 지던 고적한 동굴에
넘나들던 햇살은
새가슴에도 우주를 품게 했다

언제 부턴가 그녀는
혼돈스런 내면의 사계를 기꺼이
풍경으로 분출해내는
부끄럼 모르는 여자가 되어 있었다

# 가족

해종일 어우러져 출렁이던
살가운 대화들

썰물이 빠져나간 자리엔
쓸쓸한 적막이
빈 공간을 채운다

모두를 다 주어도
갈증으로 남을 가족이라는
눈시울 젖어오는 이름

물빛 다정히 흐르는 저 강물도
고적한 밤이면
지새는 그리움으로 새벽을 깨우리

# 신데렐라의 꿈

백화점에서 날아온
쿠폰 북을 연다

평소에 갖고 싶던 화장품이
예쁜 파우치에 담겨
포르르 품속으로 날아들고
화려한 로즈 커피잔을 마주하고 앉은
그윽한 눈길도 그려본다

뽐내고 서있는 옷과 장난감들이
활짝 손자들 얼굴에 꽃으로 피어나고
아들 며느리의 흐뭇한 미소가
출근길 인파속을 흩어져간다

우리는 가끔
신데렐라가 된다

## 모습

약동의 물결이 싱그러운
이국적인 거리
타임스퀘어를 걷는다

만추
그 유일한 빛깔의 소리
홀로 은은하다
마주하던 카페라떼의 향처럼

그리움이란 녀석
슬금슬금
허락도 없이
꼭꼭 닫힌 흉금을 열고 있다

# 기다림

한적한
시골 버스정류장에
망연히 내려놓은
기다림의 봇짐은
까마득히
하늘과 땅이 맞닿은
어디쯤인가
불쑥
얼굴 내밀고
달려올 것만 같은
조용한 일렁임
투두둑,
어깨를 흔드는 낯선 빗줄기에
길 건넛집 마당가
채송화꽃무리
방긋거리는 저 호사가
얄밉기만 하네

## 얼굴

그곳에 가면
순박한 꿈들 오롯이 모여
심연 골짜기 옥수(玉水)
담담히 두레질하는
마르지 않는 샘터가 있다

그 곳에 가면
버릇처럼 망연히
하늘 보는 사슴 있어
서늘한 눈 마주칠 때면
뜨거운 안개비 서려와
서둘러 돌아서는 눈망울
거기 또 있다

## 그림자

어스름 저녁
손녀와 걷는 가로등 길에
나란히 함께 가는
꺽다리와 난장이

까르르 까르르르
골목길을 맴도는 은방울 소리가
긴 그림자 앞지르며
폴짝폴짝 키를 잰다

훗날에
미루나무처럼 훌쩍 자랄
내 아기야

그때 쯤이면 이 할미
흐르르 흐르르
빛바랜 할미꽃이 될 거란다

## 부부

팔당대교를 지나
한강변을 달리는 차 속에서
도란대는 소리에 눈을 뜨니
차창 밖은 온통 샛노랑 빛이다

"저 꽃이 무슨 꽃인지 알아 당신?"
"응, 저건 유채꽃이잖아요"
또르르르
차창에 맴도는 웃음이 정겹다

"여보!, 오개월도 안 된 서현이가
벌써 앞니가 돋아 난데요, 글쎄!"
"허허, 고놈 참 빠르군, "

주고받는 평범한 일상들마저
마음 시리게 젖어오는 오후

봄날의 수레는
오늘도 꽃길 따라
황홀한 나래를 편다

# 그대는

– 병상을 털고 일어난 며느리를 생각하며

애틋한 분신 소중히 섬겨
보배로운 생명 안겨준
내 귀한 사람아

무거운 병상 털고 기꺼이
해쑥한 미소로
가슴속 여울지게 하는
소중한 사람아

어느 길섶 우연처럼
인연의 똬리 틀고
봉곳이 아침이슬 머금고 핀
나팔꽃 내 사랑아

오늘을 사는 의미 있어
기약 없는 내일의 창을
살며시 열어본다오

# 인연

되돌아보면
시절 따라 맺어온
인연을 생각합니다

모태부터
신앙의 길을 걷게 하신 부모님

언덕 위 작은 교회의
연(緣)이 이룩한 둥지
그 터를 지키는 아름드리나무들

늘 인생길의 방위를 알려주던
나침판 같은 외숙모님

끊임없는 독려와 다독임으로
문학도의 길을 걷게 하신 선생님

오늘도 희로애락을 함께 지켜보는
장위동 시절 네 권사 친구들

지는 노을도 아름답게
서로 보듬고 가는 갑장들

보석 같은 소중한 인연
만날 수 있도록 축복해주신
하나님께 감사드립니다

## 재회

비탈진 산비알에
높새바람 버티며
마주보던 미루나무

부질없이 흔들리다
찢기고 떨려난 가지들 보며
한동안 애틋했지

그런데
참 고맙기도 해라
그루터기 밑동 자리에
끈끈한 온기 남아있었네

북풍한설 몰아치고
봄소식 아직 먼데
잉걸불 다독이면
새 움 다시 틔울 수 있을까

# 그리움

산 그림자 호젓이 내려앉은
강기슭에 앉아
우리들의 이야기를 듣습니다

샛노란 산국 안겨주며
멋적게 웃던 밤나무 숲길도
따라 걷습니다

가을 햇살에
조롱조롱 영그는 갈밭길을
함께 너울대던 오색 날개
황황히 접은채

오늘은
어느 구름에 앉아
여정을 푸시나요

# 어느 일란성

굵은 나이테에
이지러진 동공 속엔
가련한 화상 하나
인화로 박혀 있다

날이 새면
울을 넘나들던 안타까움
포말로 몰려와
새가슴은 늘 숨이 차오르고

그 아늑한 둥지에서
어찌할 줄 몰라 바라만보는
측은지심의 눈망울

그렁그렁
여린 날개 뒤척이며
마주서 있다

# 순백의 사랑

쓸쓸히 남은 잔설 위로
켜켜이 눈이 쌓이는 날이면

가슴 깊숙이 여며온
아득한 시간의 궤적을 더듬어
흐린 동공을 적시는
순백의 판화 한 장을 연다

뽀드득 뽀드득
순결을 지키려는 굳은 저항처럼
맑은 가락이 차마 눈 시려오던
태백산 등반길에서
휘몰아치는 눈보라 속을
홀로 주저앉아 가쁜 숨 몰아쉴 때

살며시 건네주던
분신 같은 지팡이와
청심환 한 알의 온기가
뒤안길 돌아
지긋한 눈길로 다가온다

제2부

# 사계운(四季韻)

# 여전히 봄이 찾아와서는

마른 풀숲 헤치고
노들길 수양버들
여린등 타고서
파르르 봄이 온다

봄은
겨우내 다독여 재운
불씨 하나
꼼짝없이 헤집어
덩그러니
눈물샘에 깃들여 놓고

찬란한 봄은 모질게
내 곁을 떠날 것이다

# 꽃비

찬란했던 봄의 향연도
거리마다 황홀한 꽃비로
다투어 흩날리고
꿈결 이었나
여한 없는 정 쏟고 떠나는
너 어여쁜 자태여
후회없는 네 미쁜 삶
우리도 닮고 싶어라

# 봄비

창밖을 보며
보슬비 내리는 들길을 간다

서둘러 핀 제비꽃 별무리
지나는 실바람에 파르르
홑잎 떨어 가엾던 길

길 건너집 자목련도
겨우내 여민 옷섶
봉곳이 열고 있겠지

아지랑이 피어오르던
호수길도 지금쯤
풋풋이 물오른 냉이 쑥 향기로
한창 술렁일 거야

## 목련

건너집 마당가에
사월의 여인들 모여 있다
청자빛 하늘 이고
흰 드레스 자락 요염히 펼치고 앉은
터질듯 부신 몸짓들
짓궂은 바람 앞세워
괜스레 옷자락 흔드는
떠도는 구름아
너도 알고 있니
저물도록 무르익어 함께이고 싶은
이 봄날의 희열을

# 나팔꽃

어느 바람에 실려
예까지 날아왔니

세워준 바지랑대 타고
여린 넝쿨손
높은음자리표 허공에 그리며
환하게 볼우물 짓는
너를 만나는 기쁨은
하루를 여는 즐거움이란다

어쩌다 늦어진 날이면
토라진 입 다문채 꿈쩍 않는
너도 이 맘 알고 있었나보다

서릿바람에
수척해진 몰골이지만
우리 함께 할 그날까지
네 몸이 빚어내는 해맑은 음표로
아침이슬 머금은 은은한 종소리
오래오래 들려주렴

# 산나리꽃

길모퉁이에 내다버린
노란 물탱크 속에서
한 뼘 햇살 받으며
용케도 피어난 산나리꽃
가녀린 허리 펴
눈부신 듯 하늘 보네

언젠가 올랐던
한적한 숲길에
긴 목 휘어
물끄러미 바라보던
노을빛 쓸쓸한 미소가
바람 따라 먼 길
홀씨로 앉아
알알이 틔운 그리움
저리 고울까

## 연꽃

또르르 구르는
영롱한 이슬방울 위로

하늘 우러러 봉긋이
합장한 손

어지러운 세상
하마 잊은 듯

피안의 미소 짓는
아름다운 해탈이여

# 가을 손님

넌지시
떠나보내지 않아도
와락 반갑게
마중하지 않아도

옥빛 하늘 머리에 이고
선들바람 날리며
단숨에 달려온 임이여
알알이 꽂진 자리에
햇보마다 커가는 웃음들이
토실히 여물어가는 들녘에 서니

모든 일에 염려 말고
때를 기다리라는 자연의 추스름에
남몰래 부끄러워지는
우매한 가슴

# 가을 유감

선들선들
부드러운 바람결에도
풀숲에 귀뚜리 울어댑니다

황금들녘이 벌이는 잔치
저리 흥겨운데
귀뚤귀뚤
귀뚜리 한사코
숨어서 웁니다

소슬 바람 불면
황망히 쫓겨 갈 적신
서러워 웁니다

## 국화차를 마시며

두물머리 시인님 댁
사립문밖 양지쪽에 흐드러진
샛노란 산국
한 움큼 따 데쳐 말려
찻잔에 띄웠더니
꽃잎 활짝 열리는 소리
방안 가득 향기롭구나

출렁이는 심연의 갈피마다
꼭꼭 재워둔 그리움도
송알송알 붉은 열꽃
다시 피울 수만 있다면

# 이 계절이면

이 계절이면 보이는
깊고 선연한
인생의 가을 자리

어디론가 향하고픈
망연한 침잠은
후드둑
눈물샘에 고인 빗방울로 지고

지나는 바람에도
문풍지로 떠는
가을비에 젖은 떡갈나무 잎새

# 겨울로 가는 길목

산책길 오가며
마주 뵈는 집
때깔 곱던 정원수
오늘은
해탈에 이르려나
가녀린 물망초
서리 앉은 눈망울이
그렁그렁 맨발로
길목을 서성여도

저를 비워 훌훌
미동도 없네

# 겨울바다

뭉게뭉게 떠가는 구름 따라
톱니 같은 일상을 벗어 달린다

겹겹이 밀려오는 우렁찬 뇌성
단단히 응어리진 앙금이 토혈하는
순백의 포말들

상흔으로 남겨진 짙푸른 품속을
한가로이 유영하는 어린 해초들

아늑한 고향 같은 바다
철없는 내 유년 있었네

# 겨울밤 소리

고즈넉한 겨울밤
흐느끼는 갯바람이
뒤란 대숲 흔들면
장지문 사이로 깊어지던
할머니 한숨소리

밤 이슥토록
은하수 잠 못 이루다
새벽닭 총총히 홰를 치던
그날처럼

동지밤 깊은 골목을
하얗게 서성이는
시린 날숨소리는

# 눈사람

응달진 뒤뜰에
오누이 눈사람 웃고 있고
소복이 쌓인 눈 위엔
고사리 손자국 판화로 박혀있다

까르르 순박한 웃음 속에
되살아나는 진동이
아린 파장으로 몰려온다

할머니
우리 아파트 옆으로 이사 오면 안되나요?
가끔 엄마 아빠 늦게 오시는 날이면
동생하고 둘이 무서워져요

## 눈 · 1

소식 없던 임
밤새 고이 오시었네
눈부셔라
포근하여라
그날처럼 황홀하여라

해님아
심술꾸러기 해님아
오늘은 모른 척
저만치 돌아서 가렴

# 눈·2

싸그락 싸그락
신비로운 빛
순수의 소리

그립다
너에게로 다시
돌아가고 싶다

혼탁한 풍경 속을
아득히 떠돌다
허공에 지는
기진한 넋의 애가(哀歌)여

# 동안거(冬安居)

살짝 스치기만 해도
바스락 소리 날 것만 같은 안쓰러움에
겨우내 실내에 있던 화분을
베란다에 옮겨본다

잠시 지나는 햇살에도
마디마디 수액 흘러
금세 환하게 상기되는 얼굴들

산그늘에 돌아앉은
빛바랜 나이테는 말한다

이 무겁고 칙칙한 장막 속에도
그 햇살 비추인다면
아, 그런 날이 다시 온다면
망설임 없이
새잎 환희 틔워보리라고

# 하늘은

하늘은
맘 내키는 대로 할 수 있는
하늘은 좋겠다

무너질 듯
주체할 수 없는 가슴이면
온종일 울음을 쏟아보고
그래도 후련치 않으면
큰 우뢰소리로 호통도 쳐보고

오늘은
찌무룩한 표정이 왠지 싫었는데
송알송알 보석 같은 눈송이를
뿌려주는구나
하늘은 참 좋겠다

## 담쟁이

가파른 돌담길을
요리조리 외줄 타고 기어오르는
재주 많은 곡예사

청청한 계절엔
너풀너풀 넝쿨손
하늘 두드리더니

잎새 떨군 적신(赤身)
바위틈에 매달려
지나는 실바람에도
흠칫 몸을 움츠리는 모습
해 저문 들녘에 선
자화상이네

# 호박

육중한 몸 똬리 틀고 앉아
잘 견딘다 했지
시골집에서 올 때만 해도
때깔 그리 곱더니
꽃진 자리 탯줄 근처가 물컹하다
환부를 도려내려고 보니
선홍빛 속살에 씨앗 숨기고
겨우내 뻗어나갈 넝쿨손 품고 있다
그 까슬까슬한 줄기 거슬러 오르면
어머니의 한 생이 보일 것 같다

## 화병을 비우며

아련한 그리움이
은하수를 건넙니다

기엄기엄
산 그림자 쉬어가던 강가에서
고독을 말하던 사람

저만치 억새 우는 들길에 서서
노란 산국 꺾어 들고
머쓱히 웃고 있습니다

머물 수 없는 세월의 강은
가슴속 노을 한 채
어서 지우라 이릅니다

# 달팽이

등짐 어깨에 메고
긴 촉수 불 밝혀
더듬더듬 길을 연다

맨몸에 골진 상처
옹이져 깊어도
애면글면 초록빛 일념 하나
아침 햇살에 다리 놓아

육남매 품어주던
외길 아버지 뒷모습이
가파른길 오르신다

제3부

# 헌 자루에 길을 담다

# 여행길에

마음 한껏 쉬고 싶은 일상의 바람이
남해 바다 끝자락으로 우리를 실어놓았다

포효하며 달려오는 성난 파도
그러나 남김없이 품어 안는
넉넉한 바다가 좋다

시시로 용솟는 잡다한 통증들이
스르르 가라앉는 어머니 품속 같은 바다
그 속에 함께 있음이 행복하다

해질녘 하늘 캔버스에 옮겨지는
아름다운 노을 수채화
퍼져가는 산소 같은 웃음들

아득한 세월 비집고
용케 찾아온 해맑은 동심들이
황홀한 노을만큼이나 눈물겹다

# 헌 자루에 길을 담다

신발장 귀퉁이에
지쳐 널브러진 등산화 한 켤레
험준한 길 앞장서던
닳아 뭉툭해진 시간을 연다

인생의 갈림길에선
선뜻 방향을 제시해 주었고

비바람 몰아쳐도
수굿이 때를 기다리는
허허바다의 가슴도 배웠다

이제 잡은 손 놓고
되새기는
산상보훈의 가르침

# 남산 타워에 올라

지상에서
얼마를 올라왔을까

어둠 밝히며
사뿐사뿐 내려와
밤하늘에 명멸하는
찬연한 보석들

은은한 선율 따라
꿈길을 유영하는
정감어린 눈빛들로
성찬의 밤은 점점 깊어간다

아! 빛 고운
인생의 오후를 본다

# 바위섬 가는 길

지루하던 장마 그치던 날
창가에 앉아
말갛게 열리는 하늘 끝자락에
지그시 눈길을 모아본다

시린 갯바람 따라와
해묵은 수채화를 넘기고 있다

바위섬 가는 길
붉은 해당화 꽃무리 수줍던 길

차르르 차르르르
조수에 밀리는 몽돌들의
신비로운 화음이
고요를 깨우고
온기로 다가오던 세미한 음성
아련히 들려온다

햇살 고운 오후
까마득한 시공(時空)을 날아와 앉은
젖은 눈에서
후드득 빗방울 떨어진다
가버린 줄 알았던 옛날은 그렇게
또 오고 있었다

# 목포의 하늘

어느 해 가을
선운사에서 만난 적 있는
옥빛 천에 새하얀 목화송이
덩실덩실 수놓인
어머님이 입으시던
비로드 한복이다

먼 산도 바다도
맑고 또렷한 새 천지에 서니
여기서 그만
닻을 내리고 싶다

오감을 깨우던
흑산 홍어의
묘한 맛도 익혔으니

# 을왕리에서

노을이 빗겨간 바다는
밀물로 차오르고 있다

인생의 오후 막다른 길목에서
순번을 기다리는 듯
먼 수평선을 응시하는
삼삼오오 포구에 선 그림자

어둠속으로 묵묵히
침잠하는 바다는
엄숙히 맞이할 칠흑의 밤을
숙명처럼 안고
서서히 깊어간다

# 귀로(歸路)

땅거미 어둑어둑 지는 시간이면
깊고도 아득한 늪을 만난다

부모님 계시던 고향 하늘일까
꿈결 같던 단란한 시절일까

꼭 어디론가 나서야할 것 같은
정체된 고독이 맴돌고
저만치 웃는 얼굴 보인다

## 힘든 노정(路程)

북적이는 인파 속을 빠져나와
청계천에 들어서는 등교길은
그 여운 내내 뿌듯하다

늘 변모하는 사계(四季) 속에도
파란 하늘 이고
담담히 흐르는 시냇물처럼
유유히 거리낌 없는
맑은 심금이고 싶다

낙엽 떨군 나목의 속울음 사이로
한 학기는 어김없이 저무는데
빈 들 같은 황량한 시심을 깨우는
종하나 매달고 싶다

깊은 산사에
풍경소리로 흐르는
그윽한 바람이고 싶다

## 묘연한 행방

한쪽 귀가
꽉 찬듯 먹먹하다가
소리가 작게 들리는듯 멀다가
그렇게 여러 날 견디다
병원을 찾았다

고막에 꼼짝 않고 붙어있는
바위를 어렵게 밀어내니
숨통 트이듯 개운하다

어쩌다 들여다본 마음의 창이
지평을 잃고 헤매는 혼돈스런 밤이면
가슴 묵직한 흉골 사이로 새나오는
간헐적인 날숨소리 들린다

이 묘연한 외마디 행방 찾아
어디론가 또
나서야할 것 같다

# 풍경 속을 거닐다

한낮의 지하철 안은
듬성듬성 빈자리가 눈에 뜨인다

건너편 여인 품에
첩첩 눈길 달려온 설유화가
시린 발 털며 소복이 웃고 있고
살포시 얼굴 내민 주홍빛 장미
화사한 봄 들녘이다

반가워라
긴 동면 속에서도
수런수런 여문 꽃술 피웠구나

네 고운 자태
하늘하늘 세우고 조신하게 앉혀
강단 장식하던 무성한 계절 있었지

돌아보니
너희와 함께 하던 시절은
참 은혜였어 평화였어

# 주말농장에서

엊그제 내린 단비에
우쭐우쭐 다투어
키를 재는 어린것들

칠렁거리는 겉옷
훌훌 벗겨주니
싱그러운 바람 타고
살랑살랑 춤을 추네요

토닥이며 감싸주는 손길
주저 않고 보응하는
자연의 이치는
주말마다 품는
뿌듯한 보람입니다

# 호수에서

강언덕에 앉아
허공을 하얗게 가르며 나는
민들레 홀씨를 봅니다

전부를 다 주어도
아깝지 않을
혼신의 사랑에
목울대를 매운 봇물이
수문 위로 차오릅니다

아! 오월 햇살이 시려오는
받을 줄만 아는 사랑이었습니다

# 보따리들의 행렬

명절이면 겪는
보따리들의 수난을 본다

선물 보따리
아이들 한복 보따리
기저귀 분유 보따리
집에서 출발한 보따리 부대가
시댁을 거쳐 친정으로 대이동을 한다

거실 한 켠에
안절부절 못하는 인사 보따리들
사돈댁 아래작은댁 용인큰댁으로
들썩이는 아이들 손에 끌려가야 하는
자신의 처지를 알고 있나 보다

이날이면
계속되는 할머니의 두레박질은
그칠 줄 모른다

세배 받고 한 두레박
학교 입학했다고
마침 생일 달이 돌아왔다고
또 한 두레박

퍼내도 퍼내어도
그 두레박질 싫지않으니

# 오일장

어쩌다 가끔은
황량한 가슴 훈훈히 데워줄
맑은 혈맥을 찾아 나선다

방학이면
외할머니 치맛자락 붙들고
이십 여리 황토 길을 터덜거리며
삽다리장을 찾던 아련한 기억처럼

벽과 벽이 가로막힌
메마른 도시의 정서는
질펀한 방언이 떠들썩한
좌판 골목의 인정을 그리며
행장을 꾸린다

오늘따라
차창을 스쳐가는 영상 위로
붉게 타오르는 저녁놀이 아름답다

# 꿈길

보송보송
갓 빤 빨래 같은 잠이
소르르 안겨온다

무한한 공간을
맘껏 유희하는 날갯짓은
아픔도 미움도 없는 세상

대롱대롱 매달리던
집념의 끈
맥없이 풀려 느슨해 와도
빈들에 흩어진 꿈 조각
기꺼이 보배로 품어 안는

새벽별 따라 그 길을
밤새워 걷고 싶다

## 구름

허공을 떠도는
네 침묵의 몸짓은
묵묵히
바람 비끼며 연출되는
인생 무대
홀연히 왔다가
총총히 흩어지는
그리움

# 파도

아무런 전갈 보낸 적 없어도
파도는 찾아와
고이 재운 외딴 섬을
흔들어 깨웁니다

아, 여름밤의 꿈이었나
함께 너울대던 춤사위
난무한 발자국 위로
무정한 바람 입니다

모두 떠나간 개펄 위엔
수은 같은 옹이 자욱만
햇살에 반짝입니다

# 동행

파란 하늘을 선회하는 고추잠자리가
아침 햇살에 눈부십니다
창을 열고
고이 잠든 현충원을 바라보노라면
오늘도 바르고 보람되라 이르는
음성 들립니다

하루를 맞고 보내는 길목에서
조용히 나를 돌아보며
향하고픈 임이 계십니다

그와 동행하는 길
평화입니다
행복입니다

제4부

# 시간이 머문자리

# 장위동 집

인삼뿌리만 먹고 자라
추위를 모른다는 건넌방 희수엄마

뒷마당에서 펌프질할 때면
쏴아 쏴 물소리에 장단 맞춰
겉옷 비집고 나와 허옇게 출렁이던 허리
누가 볼세라 부끄러웠지

아기단풍 늘어진 작은 연못 집 짓고
안방 건넌방 다섯 어린 토끼들
날만 새면 맞붙는 살얼음판에서
동갑내기 엄마의 애환을 꾸역꾸역
우정으로 삭여내던 시절 있었지

이듬해 남편 찾아 태평양을 건너간 친구
어쩌다 가끔
비오는 날이면 질퍼덕대던
장위동 종점 그 집을 추억하고 있을까

## 골목안 소리

내 귓속을 지나는 좁다란 골목은
온갖 소리들로 분주하다

성글성글한 머리숱 사이로
형광등 불빛이 발광하는 오후
교수님의 열띤 강의에도
여기저기 선하품 소리 나른하고

믿음도 의리도 비굴히 저버린
친구를 향한 자책의 소리가
서늘한 골목을 빠져나간다

천마산 계곡에 소풍 나온 어린이집 병아리들
봄 아지랑이 사이로 퍼져가는 해맑은 웃음이
구불구불 달팽이관을 지나
막다른 골목에 이르는 소리 듣는다
그 어느 것에도 치우침 없는 평정으로
맑고 평온하자고

# 시간이 머문 자리

장맛비 멈칫하던 날
발자국 소리 홀로 길을 간다

뒤틀린 보도블록이
걸음 따라 물세례를 안겨주는
막다른 골목에
무너질 듯
빛바랜 담장 너머로
능소화 주홍빛이 눈부시다

툭!
채 사르지 못한 불꽃
운석(隕石) 하나
머문 자리 망설임도 없이
환하게 지고 있다

너무 더디게
더디게 가던
그래서 슬펐던 그해
여름처럼

## 옥수수를 벗기며

부러질 줄 모르는
네 꼿꼿한 위세

그 끝
어딘지 몰라
겹겹이 벗기고보니
깊은 속
이제 보이네

저 여리디 여린
어린아이 심성
너무 희안해

## 오후

글씨를 쓴다
심심 골짜기에서
솟아오른 추억들이
아른아른 화선지에 어리고

살며시 따라나선
그리움
갈걷이 끝낸 밭둑 위
서리꽃으로
하얗게 피어난다

아름드리로 자란 어린 싹들
푸른 들녘을 날던 튼실한 웃음이
호젓이 걷는 붓길 따라 맴돌다 간다

## 벽

냉장고에서 덜컹덜컹
기계 돌아가는 소리 커지더니
물이 줄줄 흐른다

알고 보니
많이 쌓아둔 내용물이
순환모터에 빙벽을 만들어
숨을 쉴 수 없단다

따뜻한 온기를 불어주니 그제야
굳었던 혈관이 풀린다

바라볼 수도 기대할 수도
그 어느 것도 용이하지 않는
벽 사이에서 소통을 잃은 채
안으로 만 움츠려드는
우리 무감각한 언어들도
언젠가 봄눈 녹아내리는 소리
들을 수 있을는지

# 낮달

빈번한 찻길 건너
산동네 오르막길

구부정한 그림자 하나
나목 위에 걸터앉아
누굴 기다리고 있다

떨치지 못한 인연
못다한 말 아직 남아
휑한 눈망울이
그렁그렁
길목을 지키고 있다

# 비요일

구성진 가락이다
상큼상큼 건반 위를 걷는
경쾌한 하모니

물보라를 가르며 달려오는
셔틀버스에 실려
어디론가 달리고 싶다

오늘처럼
장맛비 세차게
가슴을 때리는 날이면

## 가요교실에서

넓은 강당 조명 빛 아래
성장(盛裝)한 여인들
목청껏 노래를 부른다

힘 다해 떨쳐내는
매듭진 응어리들
때 늦게 솟는 신명이
저녁놀처럼 곱다

굽이진 고개 마다
많고 많은 사연 싣고
선율 따라 두둥실
하늘을 난다

## 욕창 자리

둥글게 자리한 욕창
똬리를 만들어 괴 드리자
같은 자세로 오래 굳어진 상처
몸을 돌려 체위를 바꾸어드리자

마음의 욕창 자리잡지 않도록
내 단단한 아집도

흘러가는 강물에 허허롭게 띄워
이 골짝 저 강물
아우르며 포용하는
바다의 순수를 배우자

못내 소리로 분출되고 마는
어머니의 서늘한 통증은
기어코 못자국으로 남을
가슴 얼얼한 내 생의 그림자

## 병원 대기실에서

무심하려 애쓰나
무심할 수 없는 과녁

처절한 사투의 현장은
오히려 침잠된 정적이 흐르고
타오르던 분화구의 열정도 저버린 채
모진 바람에 이지러진
파리한 부초의 몰골들

한 가닥 구원의 열꽃 피우며
진료대기실에 앉은
가슴 죄는 박동소리 듣는다

# 참새의 꿈

한번은 이사를 해야할 것 같아
컴퓨터 앞에 앉아
요리조리 공중을 선회하다가
아늑한 둥지 한 채 콕 쪼아 올린다

가격 거리 평면도 세금
조각조각 퍼즐을 맞춘다
아니 이곳은
교통은 좋은데 공기가 별로야
휠휠 기수를 남쪽으로 돌려본다

어깨 너머로
아름다운 경관이 펼쳐진다
꽃도
초록도
이별도
느릿느릿 지나가는
그런 동네는 없을까

# 소리

닭해에 태어나
평생 울너머로
목청 한번 안 돋우시던 당신

애오라지 그 허기진 가슴이
자식에겐 늘
풍성한 가을 들녘을 펼치시던
내 어머니

활처럼 휜 허리
발자국 옮길 때면
된 날숨소리 먼저 문지방을 넘네

새벽마다 엎디시던
자식 향한 간구도
더 먹어라 채근하시던 성화도

오늘은
아름다운 꿈을 꾸시네
근심 없이 행복하시네

# 국립도서관

지상 천국이요
구하는 모두를 얻을 수 있는
풍족한 곡간이다

수많은 위기 헤쳐 갈 인생의 길잡이요
꺾였던 긍지 뿌듯이 일깨워주는
테이블 위의 삼라만상이다

밤하늘에 무수히 박힌 총총한 별이요
인내가 수반되는 향기로운 여운이다

앞뜰에 조롱조롱 빨갛게 매달린
고향 산마루의 보리수요
삼천 오백원이 선사하는 소담스런 식단이다

# 유향(幽香)

오랜 지인을 만나다
보일 듯 말 듯
잔잔한 들꽃의 향이 느껴진다는
찬사가 싫지 않다

유월 하늘에 고고히 핀
모란도 아름답지만
그윽한 유향의 풍미를 지닌
은은함이고 싶다

귀불에 살짝 뿌려
남몰래 음미하는
샤넬화이브의 향이고 싶다

# 선물

못내 다하지 못한 아쉬움이
부실한 노구(老軀) 끌고
구석구석 헤맸으리라

그 날랜 용맹 사라지고
청청한 날들의 노역이 남긴
안쓰러운 잔영이
빈 들녘에 이는
소적한 바람을 닮은 사람

늦가을 서릿바람에
시들시들 기울까봐
허리 단단히 부축이라고
오색 빛 추억 실려
꽂지팡이 전해왔네

# 엉겅퀴를 닮은 너

유월 하늘을 올곧게 오르는
새치름한 자홍빛 자태
그 모습 이끌려
온 들녘을 함께 출렁였네

어느 여름
뙤약볕 아래서
곧추세우는 잔가시에
맨몸 찔릴까
움찔 놀란 앙가슴이
나도 몰래
뒷걸음질 하네

## 기우(杞憂)

가을 산 오르는 길섶에
무서운 광경 보인다

억센 어깨들 모여
스크럼 짜고
마파람에 버티고 있다

순하고 연한 재래종의
인정 간데없고
군림하는 저 기세등등한
개량종의 위세

갈수록 사나워져가는
김장 배추밭을 지나며
기우에 젖어본다

# 어머니의 행주치마

어릴 적 내 어머니는
주름 곱게 접힌 희고 정갈한
옥양목 행주치마를 입고 계셨다

어느 날
식성 잃어 수척해진 딸을
옆집으로 데려가시더니
밥상 그득히 둘어앉은 식구들 틈에
밀어 앉히시곤
행주치마 속에서 밥을 꺼내셨다

오늘은 주섬주섬
서리머리 큰딸이 행주치마를 마련한다
언제부턴가 끄물거리던 지능이
달려와 얼싸안던 버선발 웃음도 거둔 채
우두커니 홀로 옛길을 걸으시는 어머니

제5부

# 시집평설

# '유향'과 '개안'의 상호호소력 돋보여

박 진 환
(문학평론가 · 문학박사)

## Ⅰ. 前提

이충자 시인이 상재한 처녀시집 제목인 『유향幽香』은 사전에는 없는 말이다. 사전에 없다고 해서 전혀 억지라거나 말이 안 된다는 뜻은 아니다. 오히려 사전에는 없음으로써 사전 속의 의미망에서 벗어나는 자유로움을 획득할 수 있는 말쯤이 된다.

흔히 시어를 논할 때 外延과 內包를 동원한다. 외연은 어떤 개념이 적용되는 대상 범위쯤으로 풀이 된다. 곧 밖으로 드러나 있는 지시성쯤이 되고 이에 반해 내포는 밖으로 드러내는 것과는 달리 어떤 뜻을 그 속에 포함하고 있는 것쯤이 된다. 일종의 가시성과 불가시성의 차이쯤이라고나 할까. 드러냄과 감춤의 상반성이라고나 할까. 어떻든 대응이라기 보다는 대칭, 대칭이라기 보다는 상반 · 상충의 개념쯤으로 이해 될 수 있다.

이러한 전제는 '유향'이란 말이 개념으로는 성립되지 않으면서도 개념 뒤나 속에 가려져 드러내지 않는 암시성으로 뜻을 대신할 수도 있다는 뜻이 된다. 흔히 사물을 지시할 때 밖으로 드러난 외양을 빌어 개념을 성립시킨다. 그러나 그 속에 감추어지거나 배후에 가려진체 드러나지 않는 秘義로서의 뜻을 지닌 啓示性을 빌어 설명하기도 한다.

그 때문에 밖으로 드러난 논리적 개념에 비해 암시성으로 풀어야 하는 비의는 일종의 含意쯤이 되게 된다. 사과를 예로 들었을 때 감각적으로는 붉고 둥글고 시고 달고등, 외연적 풀이는 공통분모라는 동질성을 지닌다. 이에 비해 밖으로 드러나지 않으면서도 존재하는 자양분들을 그 속에 감추고 있다. 전자적 경우가 외연이라면 후자적 경우는 내포쯤이 된다.

시집 제목인 '유향'도 같은 맥락성을 지닌다고 할 수 있다. 幽言이나 幽玄처럼 그윽한 깊이가 있고 오묘한 뜻이 깃들어 있으면서도 논리나 감각으로는 설명할 수 없는 것들이 있다. '그윽하고', '오묘함'이 그러하다. 밖으로 드러나지 않으면서도 깊이가 웅숭깊은 심원한 뜻이 그러하고, 오묘 유현하며 미묘한 뜻이 또한 그러하다.

감각으로는 맡을 수 없으면서도 마음으로는 맡을 수 있는 향기, 그것은 사물 뒤의 비의와 같아서 개안의 득도적 견자만이 발견할 수 있고 '유향'또한 감각을 넘어선 곳에서 열리는 정신적 감수성만이 맡을 수 있는 향기이라 할 수 있다.

시를 말할 때 흔히 하는 말로 환정적진술이라고 한다. 과학적 진술과 대응되는 이 말의 본의는 새로운 정서를 환기시켜 줄 수 있는 감동적 언어라는 뜻이 된다. 과학적 사실로는 획득하거나 체험할 수 없는 감동을 정서적으로 체험하게 한다는 이 말은 시는 논리를 초월한다거나, 논리가 끝나는 곳에서 출발한단 말과 맥락성을 지닌다. 과학이나 논리로는 체험할 수 없는 감동을 체험하게 한다면 이는 과학과 논리를 넘어섰을 때 가능하게 된다. 시집 『幽香』도 같은 맥락에 잇대어 있다.

시는 거짓말하는 특권을 가진다는 프리뉴2세의 말이나, 시인만이 거짓말을 할 특권을 갖고 있다고 한 F. 자양가아의 말 중에서 '거짓말'을 잘 음미해보면 과학적 진술이 아닌 의사진술이 시와 시인의 몫이란 뜻으로 이해 될 수 있게 된다. 논리가 아니면서 논리에서는 체험할 수 없는 감동을 체험하게 하는 거짓말로서의 의사진술, 과학적진술이 아니면서도 과학적 진술로는 설득할 수 없는 설득력을 체험하게 하는 환정적 진술은 다같이 '거짓말'과 동의어이거나 동류항을 성립시키기 때문이다.

이러한 전제는 이충자 시인의 처녀시집 『유향』이 사전에는 없는 말이면서도 사전적 의미로는 획득할 수 없는 새로운 의미를 성립시켜 준다는 점에서, '거짓말'이면서도 참말로는 체험할 수 없는 감동에 값하게 하는 설득력으로 작용하는, 의미를 초월한 곳에서만이 성립되는 언어란 점을 강조하기 위해서 동원한 이론적 근거들이다.

그렇다면 '유향'은 과연 어떤 향기이고 또 굳이 없는 말을 시집타이틀로 내걸었을까 하는 의문이 제기된다.

## 2. 심오성과 오묘성으로서의 '유향'

이충자 시인의 시가 풍기는 향은 감각으로 체험하는 향과는 본질적으로 거리가 멀다. 그 때문에 감각으로 맡는 성질의 향을 초월한 향이라고 할 수 있다. 프랑스의 명향수가 풍기는 향이나, 코피가 터질것 같은 라일락향과는 본질적으로 다른, 감각아닌 정신차원에서만 맡아낼 수 있는 향으로서의 '유향'은 어떤 향일까가 의문의 첫 대상이 된다.

이슥한 밤
고적한 동굴에 다소곳이 마주앉은
고고한 기품 보았네

언제부턴가 벗기려 애를 써도
허울 좋은 미소로 진을 치는
가늠할 수 없는 속내도

살가운 듯 미더웠던 미소가
홀연히 몰고 온 서늘한 회오리에
가슴 얼얼했던 상흔도

깊은 계곡 바위틈에 선연한 향기
화선지에 피어오르던 날

겨우내
꽁꽁 언 섶 열어

이제야 다다를 곳 보았네

예시는 「묵향에 취해」의 전문이다. 묵향은 먹을 갈았을 때 풍기는 향기로운 냄새를 의미하는데, 이 때 풍기는 향기는 코를 자극하는 향수나 꽃향과는 다른 깊고 심오함과 그윽함을 느끼게 하는 향기다.

해석이야 어떻건 먹에서 묵향을 느끼려면 먹을 갈아야 하는데, 먹을 가는 이유는 글씨를 쓰거나 그림을 그리기 위해서다. 그리고 글씨나 그림을 그리기 위해서는 화선지가 필수적인데, 화선지란 동양식 시화를 그리는데 쓰이는 종이의 한가지다.

예시 4연 '깊은 계곡 바위틈에 선연한 향기 / 화선지에 피어오르던 날'에서의 화선지는 바로 그림을 그리거나 글씨를 쓰기 위해 동원한 선지의 일종인 화선지를 말하는 것이다. 그래서 화선지에 피어오르던 '선연한 향기'는 묵향이 되게 된다.

문제는 묵향은 묵향인데, 묵향이 단순한 먹에서 품어내는 그윽한 향기보다 높은 차원의 감각 아닌 정신 차원에서만 음미할 수 있는 향기라는데 있다. 감각적 차원이 아닌 정신 차원에서만 맡을 수 있는 향기, 그것이 다름아닌 시집 타이틀이기도 한 '유향'이다.

꽃향기는 바람을 거슬러 향을 풍기지 않는다. 그러나 착한 사람의 향기는 바람을 거슬러도 향기가 난다는 法句經의 명구가 말해주듯 바람으로 맡을 수 있는 꽃향기가 아닌 마음으로만 맡을 수 있는 사람의 향기, 그것이 다름 아닌 '유향'이다. 그리고 이러한 '유향'은 코 없이도 맡고, 향 없이도 향으로 맡는 정신차원의 후각이라 할 수 있다.

화선지에 먹을 묻혀 그린 한 폭의 묵화나 한 폭의 글씨가 풍기는 예술의 향기, 그 향기는 코로는 맡을 수 없는, 향기로는 뿜어낼 수 없는 감각을 영혼으로 이동했을 때나 가능한 향기로서의 '유향'이다. 시집 『유향』은 바로 이러한 향기를 내뿜기 위해 화선지 위에 먹으로 그린 언어의 향연이었다고 할 수 있고, 이향연이 다름아닌 이충자 시인의 시였다는 이치를 성립시킨다. 그래서 『유향』의 放出體는 시이고 '유향'은 그윽하고 오묘하며 심원한 시가 풍기는 향기였다는데 귀결된다.

'유향'과 함께 또 하나의 정신적 개안을 보여주고 있는데 예시 마지막 연 '겨우네 / 꽁꽁 언 섶열어 / 이제야 다다를곳 보았네'가 그것이다. 개안이란 開眼光, 開光明, 開光, 開明으로 불리우는 불교적 의미외에도 참된 이치를 깨달아 알게 되는 정신적 覺을 의미한다.

그 때문에 개안은 '유향'이 감각으로 맡을 수 없는 정신적 향이었듯이, 육안으로는 볼 수 없는, 정신의 눈으로만 볼 수 있는 見者의 눈이 되게 된다. 이를 두고 일찍이 랭보는 시인을 見者라고 하지 않았던가.

이 점에서 '유향'과 '개안'은 눈과 코가 감각상호간의 호소력으로 작용하는 공감각적 설득력으로 작용하듯이, 감각 아닌 정신적 호소력으로 작용하는 정신차원이거나 영성만이 맡고 볼 수 있는 그런 '유향'과 '개안'으로 풀이할 수 있게 하는 근거를 제공한다.

여기에서 요구되는 것이 '화선지에 피어오르는 날'의 기점과

이 기점에서 새로이 열리는 '다다를 곳'에 대한 해명이다. 앞서 지적 했듯이 '화선지'는 동양의 화서를 그리고 쓰기 위해 동원된 선지다. 그리고 그 화선지 위에 그리거나 쓴 수묵으로 번지는 향이 묵향인데 화자는 짐짓 이를 '묵향'이라 하지 않고 '유향'이라고 달리 명명하고 있는데 이는 단순히 먹물이 풍기는 향이 아니라 먹물로 그린 수묵화거나 한폭의 일필휘지가 풍기는 예술의 향기, 곧 화자의 시가 지니고 있는 향기를 '유향'이라고 달리 표현했다고 볼 수 있다.

그리고 개안은 '유향'이라는 예술적 향기를 맡을 수 있었을 때 열리는 심안이거나 사물만이 아니라 사물뒤에 가려진 秘義까지를 투시, 투과할 수 있는 見者의 시각쯤으로 이해될 수 있을 것으로 본다.

'유향'을 발산해 내는 한편의 시를 제시 했을 때 이 점 극명해 질 것으로 본다.

태어나면서 병약했던 소녀는
부모님 가슴에 옹이로 매달린
근심 주머니였다

한약방에서도
동네 푸줏간에서도
염려의 소리가 높았던 소녀는
냇물 흐르는 들길 따라
외갓집을 드나들며 자랐다

세월지나
홀로 피고 지던 고적한 동굴에
넘나들던 햇살은
새가슴에도 우주를 품게 했다

언제부턴가 그녀는
혼돈스런 내면의 사계를 기꺼이
풍경으로 분출해내는
부끄럼 모르는 여자가 되어 있었다

예시는 「자화상」의 전문이다. 4연 16행의 짧은 진술로 스스로를 말한다는 것은 시아니고는 불가능하지 않을까. 일찍이 林語堂은 시인은 분석도 설명도 그렇다고 이론적이거나 학리적이지도 않는다. 다만 마음 속으로부터 자기 자신을 이야기 하는 자라는 요지의 말을 했다. 시인에게 있어서 '자기자신의 이야기'는 그 대표적인 것이 '자화상'이 아닐까.

이 점에서 예시는 자신을 말해주는 이야기가 되는데 1연에서는 병약했던 유년을, 2연은 외갓집을 드나들며 자랐던 성장기를, 3연은 꿈과 이상을 품고 키웠던 야망기를, 그리고 종연에서는 '내면의 사계를 기꺼이 / 풍경으로 분출해 내는' 시인이 되었다는 고백적 진술을 담고 있다.

이 중 4연 '내면의 사계를 기꺼이 / 풍경으로 분출해내는' 시인의 역할은 그중 주목을 끄는 부분이다. 왜냐하면 '내면의 사계'를 '풍경'으로 분출했다는 것은 일면 계절의 사물이나 계절과의

교감, 또는 계절을 통한 우주의 순한 질서를 빌어 언어로 형상했다는 뜻이 되고, 이 점 '화선지'에 그린 語畵쯤이 되게 되어 '유향'과의 맥락을 잇대이게 하기 때문이다. 그런가 하면 다른 한면으로는 '풍경'뒤에 또다른 풍경을 후경화하고 있다는 점에서 보면 화자 스스로가 말한 '풍경'은 러시아 형상주의 시법인 전경화와도 맥락을 잇대이고 있는 것이 되게 된다. 그러면서 두 경우가 서로 각각이 아닌 동전의 양면처럼 하나의 시적 질서를 유지하고 있게 된다.

이 점에서 보면 화자는 자화상으로 '내면 풍경' 곧 자신의 내면을 화선지 위에 먹으로 그리거나 썼던 묵화나 묵서로 펼쳐보였던 것과 같이, 그리하여 묵향보다 높은 '유향'을 맡을 수 있었던 것과 같이 자신의 시를 사계의 풍경으로 그려냈다는 자기 이야기 곧 환정적 진술을 펼쳤던 것이 되고 이것이 곧 그의 시였다는 이치를 성립시킨다.

여기에서 제기 되는 것이 '유향'을 맡을 수 있는 受容體에서 '유향'을 뿜어내는 放出體로의 전환이다. 달리 풀면 '유향'의 방출체는 시인 자신이었고, 시는 시인의 분신이란 등식에서 보면 시자체였다는 결론에 도달하게 된다. 그래서 '유향'은 시가 풍기는 그윽함, 오묘함, 심오함쯤을 성립시키는데 그윽함으로 대표되는 정관적 정일함과 오묘함으로 대표되는 미묘함, 그리고 심오함으로 대표되는 깊고 으슥함이 뿜어내는 시의 향기가 되기에 이른다. 그리고 그윽함이나 오묘함, 그리고 심오함은 시인 자신의 정신적 깊이에서 방출되는 시정신이나 시심으로 뿜어내는 시인과 시인의 체취쯤이 되기에 이른다. 한편의 시를 더 예시 했을 때 이해를 도울것으로 본다.

또르르 구르는
영롱한 이슬방울 위로

하늘 우러러 봉긋이
합장한 손

어지러운 세상
하마 잊은 듯

피안의 미소 짓는
아름다운 해탈이여

예시는 「연꽃」 전문이다. 4연 8행의 단시다. 그러나 짧은 시 속에 담고 있는 시심의 무게는 중량급이다. 이 중량을 재치있게 컷과 컷으로 재단, 재구성해내는 솜씨는 미니멀리즘의 격에 잘 어울리고 있다고 할 수 있다.

1연은 이슬이 구르는 연잎을, 2연은 피어 있는 연꽃의 형상을, 3연은 사바와 대비된 정토의식을, 그리고 종연은 스스로를 극복. 구원의 길로 들어서는 해탈을 노래함으로써 '연꽃'이란 단순한 대상을 통해 합장 · 어지러운 세상으로서의 사바, 피안과 해탈 등으로 시의 영역을 확장, 광역화 하고 있다. 그런가 하면 연꽃 봉오리를 '합장한 손'으로 변용과 함께 합장의 기원을 빌어 사바를 잊고자 하는 치환, 치환을 통해 '피안의 미소', '아름다운 해탈' 등으로 이끌어 올리는 점층적 효과를 노린 강조법등의 활용을 보여주고 있다. 이러한 점층적 강조에도 불구하고 시심의 깊이에 가라 앉히고 있는데 그 때문에 연꽃이 아닌, 연꽃을 통한 기원이나 기원으로 사룬 피안의 미소와 해탈에서 맡을 수 있는 '유향'을 체험하게 하고 있다.

그런가 하면 연꽃이 연상시키는 사바와 사바로부터의 구원이고자 하는 해탈에 이르는 정신지향을 통해 발견으로 이끄는 피안은 바로 시인의 개안에 의해서 목도되는 見者의 몫이라는데서 '유향'과 '개안'이 동시적인 상호호소력으로 작용하고 있음을 보여주는 것이 된다.

## 3. 결어

이상의 조명은 이충자 시인의 첫시집 『유향』을 일변해 본 결과다. 이를 집약했을 때 결론은 도출될 것으로 보는데 시집 『유향』의 미학은 첫째 감각아닌 정신차원의 후각에 의해서 맡을 수 있는 그윽하고 오묘하며 심원한 향기로 자신의 시를 放出體로 삼고 있다는 점이다.

둘째로는 정신적 후각으로서의 '유향'과 정신적 覺으로서의 '개안'이 각각의 기능이 아닌 상호호소력으로 작용함으로써 시적 설득력을 획득하고 있다는 점을 들 수 있는데 이를 결론으로 제시할 수 있을 것으로 본다.

•

**이충자 시인**은 충남 홍성에서 출생. 숙명여대 가정학과에서 수학했다. 한국꽃꽂이협회 금연회 1급 사범, 금연꽃꽂이협회 지부장 과정을 이수했다. 2006년 조선문학 신인상을 수상했다. 조선문학 문인회 회원, 형상21C문인회 회원, 동작문인협회 회원,으로 활동하고 있다. 현재 서울시 동작구 흑석동 현충로 119 명수대현대아파트에 살고 있다.

•

조선문학시인선 305

유향幽香

2011년 11월 5일 인쇄
2011년 11월 15일 발행

지은이 / 이충자
발행인 / 박진환
펴낸곳 / 조선문학사
등록번호 / 1-2733
주소 · 110-092 서울 서대문구 홍제2동 96-4
대표전화 / 730-2255
팩스 / 723-9373

ISBN 978-89-93614-74-9

정가 8,000원
* 인지는 저자와 합의 하에 생략
* 잘못된 책은 서점에서 교환해 드립니다.